Renier-Fréduman Mundil

Ein KESSEL Bunte GeDichte

Querbeet 5 Juni und Dezember

Renier-Fréduman Mundil

Ein KESSEL Bunte
GeDichte

Querbeet 5
Juni und Dezember

Impressum

Bibliografische Information der Deutschen National-
bibliothek:
Die Deutsche Nationalbibliothek verzeichnet diese
Publikation in der Deutschen Nationalbibliografie; detaillierte
bibliografische Daten sind im Internet über http://dnb.dnb.de
abrufbar.

Verlag: BoD • Books on Demand GmbH, In de Tarpen 42,
22848 Norderstedt
Druck: Libri Plureos GmbH, Friedensallee 273, 22763 Hamburg

ISBN: 978-3-7597-9336-2

Für

Eliza

Die so voller Freude und Lebensimpulse ist

EinLeitung oder
AnFang ohne Ende oder
AnLeitung ohne EinFang….(vom Ende?)

Zumindest ich kann mich dunkel erinnern, als die Wäsche noch in einem großen Kessel gewaschen wurde, der zudem vorher mit Holz angeheizt werden musste. Übrigens auch die damals üblichen Stoffwindeln. Es konnte in diesem Kesseldurcheinander passieren, dass das Sonntagshemd neben der Stoffwindel brodelte, spätestens bei diesem Anblick wurde mir bewusst: Die Natur ist nichts anderes als ein riesiger Kreislauf, der sich als echtes Perpetuum ständig dreht.

Solche großen Kessel wurden auch zu Gulaschkanonen; spätestens jetzt, wo Waschkessel von Waschmaschinen und Kochkessel von Hightech-Kochtöpfen abgelöst sind, wird deutlich, das Wort Kessel ist heutzutage ein gefährliches: Wir hören von Kesselschlachten, Einkesseln, Krieg eben, der zumindest das Wort Kessel wieder modern gemacht hat.

Vermutlich wird in anderen Teilen dieser großen Perpetuumkugel Erde wieder in großen Kesseln – wegen des biologischen Kreislaufs möglicherweise in denselben – abwechselnd Wäsche oder Essen gekocht.

Womit der Krieg zu den Worten führt, oftmals begannen diese furchtbaren Ereignisse ohnehin mit dem Krieg der Worte.

Jetzt heißt es, sich gut festhalten, wir legen uns in eine ziemlich scharfe Kurve, um vom Vorgenannten zu dieser Buchreihe zu gelangen.

Machen wir es abrupt: Sie soll helfen, das Wort Kessel fernab von Kesselschlacht und Einkesselung anders - hoffentlich positiver - zumindest jedoch nachdenklicher, zu besetzen.

1. Im Laufe der Jahre entstanden in meiner Schublade viele Gedichtmanuskripte. 2. Manche schlagen die Bibel oder andere Bücher zufällig auf und hoffen auf diese Weise auf eine Stelle zu treffen, die - ob der zufälligen Fügung - eine Inspiration für sie verbirgt.

1. + 2. = so ist diese Reihe entstanden. Ich habe die vielen Manuskriptseiten zufällig aufgeschlagen und dann einfach hintereinandergeschrieben, was ich fand: Gedichte, unterbrochen von kurzen Aphorismen. Das kann dazu führen, dass ein Weihnachtsgedicht neben einem Sommergedicht auf- bzw. untertaucht, eben wie im Kreislauf der Natur üblich oder wie in einem großen Kessel – einem Kessel mit Eintopf, wenn es heißt: tüchtig

rühren, Kelle rein, sich überraschen (pardon inspirieren) lassen, was auf den Teller kommt.

Übrigens finden sich in diesem Band kurze Anmerkungen zu einigen Aphorismen, warum? Vielleicht wissen es die so bedachten Aphorismen. Ursprünglich war für jeden Monat ein Buch geplant. Auf halber Strecke ging mir die Puste aus bzw. sahen mich andere unerledigte Dinge derart vorwurfsvoll an, dass ich mich neudeutsch zu einem Break entschloss und zwangsweise (aber nach dem Zufallsprinzip) zwei Monate miteinander verheiratete. Ich glaube, nicht nur den Monaten täte es gut, einmal zu wechseln und nicht jahrhundertelang immer am selben Nachbarn zu kleben. Gewissermaßen ein Umzug nicht des Ortes, sondern der Zeit.

Wenn die Puste wieder da ist bzw. die Blicke der anderen unerledigten Dinge – aus welchen Gründen auch immer – wieder im Nirvana verschwunden sind, bekommt jedes Zwangspaar seinen zweiten Teil – versprochen, es sei denn, Sie signalisieren mir vorher, dass Sie bereits die Nase (gestrichen?) voll haben.

Ein letztes (versprochen!) Nachwort. Gdicht = GDichT = GeDichTe = Ge(h)DichTe(e) = GehDichTee usw., also Gedichte, die sich ans Dich oder ans Ich (**Dich**?) wenden und sowohl beim

Gehen als auch im Sitzen zum Tee gelesen werden können.

Und ein netter Unfall (pardon gedichteter Zufall) wäre es, wenn zwei Personen (das Dich und das Ich?) diese Gedichte beim Gehen lesen und deshalb versehentlich zusammenstoßen. Oder fortan den Tee immer gemeinsam trinken. Dann hätten diese Gedichte wenigstens etwas erreicht, zwei sich unbekannte Menschen (wenn auch beim beschriebenen ersten Weg auf ungewöhnliche Weise) zusammenzubringen, durch die Geh-GedichteTee.

Keine Angst, Jogging-GDichte, Renn-Gedichte, Auto-Gedichte sind nicht geplant, sprachlich wohl unmöglich – aber ist dem Gedicht überhaupt etwas unmöglich?

Besser wir lassen das, wegen des versprochenen Endes vom Nach, pardon vom Nachwort.

LDichte Grüße.

PS: Ich bin mir mit dem Versprechen eines abschließenden Nachworts selbst auf den Leim gegangen. Ich bin (aus rechtlichen Gründen?) noch eine kurze Erklärung zur Zwangsverheiratung der Monate schuldig, falls zufälligerweise ein Polizist, Jurist, der Gesetzgeber oder vergleichbare

Personen diese Bücher lesen und über das Wort Zwangsverheiratung stolpern.

Es wurde die beste, angenehmste bzw. spannendste Zwangsverheiratung der Monate vorgenommen, die ich mir vorstellen kann. Zugegeben, die Monate wurden vorher nicht gefragt, sie wurden aber auch nicht per Anweisung zur Heirat gezwungen. Nein, alle zwölf Monate kamen in eine kleine Trommel und wurden paarweise gezogen. Gegen ein Losverfahren ist wohl nichts einzuwenden, sonst müsste das halbe Land verhaftet werden (Auslosung im Fußball, Glücksspiele usw.).

Aber jetzt ist wirklich Schluss und endlich:

Auf ein gutes l(L)os!

Pardon, wissen Sie eigentlich was das Wort os bedeutet…, nein, das Wort will niemanden bloss stellen, vielleicht müsst dieses Wort auch gross geschrieben werden (Os?), das ergäbe möglicherweise eine famose Lösung, doch besser Schluss, Schluss, Schluss…, Schloss vor…, , sonst (Pardon so(n)st) gibt's wohl nie ein (ein)lei(t)(d)endes Ende!!!???. Und Sie fragen sich am Ende nur: Was ist denn hier los!?

Ziehungsergebnis der Monatsauslosung: (Anstelle der L…-Zahlen am Samstagabend)

März und November	Querbeet 1
September und Oktober	Querbeet 2
Januar und August	Querbeet 3
April und Juli	Querbeet 4
Juni und Dezember	**Querbeet 5**
Februar und Mai	Querbeet 6

1.
Kurzsicht

Wir schweigen
Um zu bleiben
Wir reden
Um zu sehen
Wir schenken
Um zu lenken
Wir essen
Um zu vergessen
Wir wenden
Um zu enden
Wir trinken
Um zu versinken
Wir kleiden
Um zu zeigen
Wir schminken
Um zu linken
Wir sieben
Um zu lieben
Wir schneisen
Um zu reisen
Wir schaffen
Um zu raffen
Wir werden

Um zu sterben
Wir lieben
Um zu trieben
Wir schreiben
Um zu seien....

Die Olympiade
Ist eine potemkinsche Fassade
Aus Geld,
Die sich im gold'nem Spiegel gefällt.

2.
Sternenleeres Vergehen

Herbst!
Alles fährt
Ins Vergehen:
Das Sehnen,
Der Schmetterling,
Der Sommerwind,
Der Flieder,
Die Vogellieder,
Die Träume,
Die Sternenleine,
Der Strand,
Das Blumenband,
Das Schweigen,
Das Bleiben,
Die Honigwabe,
Das Gehabe.
Herbst!
Alles fährt
Ins Vergehen –
Selbst das alte Leben.

*Fernsehen
Ist geistiges Fremdgehen.*

3.

Umsinn

Im Sinn
Bin
Ich ein wenig
König.
Ein Bäcker,
Dessen Wecker
Erst zehn Uhr läutet.
Ein Schlachter, der Pflaumen häutet.
Ein Auto,
Das (schaden)froh
Jeden Stau überfliegt.
Ein Krieg,
Der nie beginnt.
Ein Kind,
Das nie erwachsen wird.
Ein Wirt,
Der nicht säuft.
Eine Uhr, die läuft,
Obwohl die Zeit steht.
Ein Weg,
Der immer neu beginnt,
Wenn er zerrinnt.

*Manche Fragen
Sind verkleidete (An)Klagen.*

4.

Herbstdunkel

Dunkel wird die Erde
Und das Herbstgefärbe,
Da die Zeit nun schweigt.
Hinter dunklen Wolken
Werden Wege folgen,
Wo Trauer sich an Trauer reiht.

Dunkel werd'n die Träume,
Kalt die alten Bäume,
Da der Herbst jetzt geht.
Grau die Himmelsstangen,
Wo die Sterne prangen,
Von einer fremden Hand gesät.

Dunkel werd'n die Herzen,
Kalt die Lebenskerzen,
Da der Winter naht.
Leer werden die Augen,
Da sie Dunkles schauen,
Kalt die Nacht und grau der Tag.

Ist man geladen
Sollte man nichts sagen.

5.

Erlebter Tag

Der Tag
Gab
Uns:
Gunst,
Zeit,
Leid,
Hoffen,
Herzpochen,
Müdigkeit,
Vergangenheit,
Sehnen,
Fortgehen,
Schauen,
Misstrauen,
Resignation,
Lohn,
Vergessen,
Bemessen.
Der Tag
Gab
Uns:
Die Lebenskunst.

Eifersucht
Ist eine Bucht,
In der wir uns befinden,
Obwohl wir anderes verkünden.

6.
Lauf(!)linie

Einen Strich gab es von Anfang
An
Und irgendwann
Begann
Irgendjemand da draußen,
Auf dem Strich zu laufen.

*Die
Fotographie
Verzeiht nie.*

7.

Gegengeteiltes

Wolken ziehen,
Kerzen verglühen,
Augen bauen,
Hände schauen,
Gesichter spüren,
Herzen fühlen,
Gedanken fliehen,
Lippen lügen,
Finger rasten,
Füße tasten,
Arme heben,
Worte schweben,
Haare welken,
Zungen schelten,
Lieder schlagen,
Herzen wagen,
Stirne falten,
Jahre alten.
Alles zusammen:
Im Menschen gefangen.

*Viel Leid
Entsteht aus Neid.*

8.

Ersehntes Paradies

Wo Sterne endlos träumen,
Wo Meere ewig schäumen,
Dort möchte' ich mit dir sein.
Wo Lieder endlos klingen,
Wo Vögel ewig singen,
Möcht ich für immer mit dir weil'n.

Wo alle Pflanzen sprechen,
Wo Träume nicht zerbrechen,
Dort bau'n wir uns ein Heim.
Wo keine neuen Klagen,
Wo keine Sorgen, Plagen,
Möcht ich mit dir auf ewig sein.

Wo Stern an Stern sich reihen,
Wo endlos das Verzeihen,
Dort zieht's mich mit dir hin.
Wo Blumen ewig blühen,
Wo Herzen endlos spüren,
Dort mit dir sein, mein ganzer Sinn.

Der Besitz
Ist
Ein großes Fass
Ballast.

9.
Geschleuste Tränen

Beim Weinen
Scheinen
Sich Schleusen zu öffnen.
Manche Schleusen vergessen,
Die Ruhe zu genießen
Und sich wieder zu schließen.

*Ist der Kuss
Ein Muss,
Sollte man solche Sachen
Lieber sein lassen.*

10.
Zerfall für den Zusammenhalt

Das Oktoberfest
Zeigt dem Rest
Der Welt,
Was sie zusammenhält.
Das Bier ist ein Stück
Weltenkitt.
Doch mit ihm zerfällt
Auch manch neue Welt.

Der Spiegel glättet nicht,
Was dem Leben entspricht.

11.

Verwickeltes Leben

Die Bienen haben
Waben.
Die Menschen tragen
Narben.
Das Gehirn
Ist verwickelter Zwirn.
Die Augen
Rauben.
Nicht jeder Blick
Bringt Glück.
Die Fische
Mögen keine Tische.
Nicht jedes Land
Ist gebaut auf Verstand.

Manche Leute
Sehen das Heute
Wegen der Sorgen
Erst morgen.

12.
Gesundes Geld

Zielt die Medizin
Auf Gewinn,
Bleibt
Für Gesundheit
Kaum
Spielraum.

Was sich bewegt,
Lebt.
Kann ein Stein
Lebendig sein?

13.
Jederding

Jedes Herz
Hat
Für den Schmerz
Platz.
Die Augen
Haben,
Was sie zu bauen
Wagen.
Jeder Fuß
Trägt
Einen Abschiedsgruß,
Wenn er sich bewegt.
Jede Hand
Baut
Mit Sand,
Der der Erde geraubt
Ist.
Alle Sterne
Schicken ihr Licht
Aus unendlicher Ferne.

Frühlingsduft
Ist sichtbar gewordene Luft.

14.
Frühlingsga(r)ben

Auf Samtschwingen
Wird der Frühling bringen:
Den Schmetterling,
Den Blütenring,
Den aufgewachten Bach,
Die Blumenpracht,
Das Sonnengelb,
Das Weizenfeld,
Das Vogellied,
Die aufgewachte Lieb',
Den Rosenduft,
Die samt'ne Luft,
Den aufgekeimten Samen,
Die Sonnenbahnen,
Die Osterfeier,
Den Wiesenschleier,
Den goldenen Strand,
Das Fernwehland,
Den Blumenwagen,
Die Märchenfarben,
Für kurze Zeit
Das Himmelskleid.

Viel Schein,
Noch mehr Bein,
Muss wohl die Mode sein

15.

Kleines Jägerlatinum

Der Jäger hat die Tracht.
Der Hirsch trägt die Pracht.
Die Ente hat die Feder.
Das Wildschwein hat die Leber.
Wenn sich alle treffen
Kommt's zum Hauen und Stechen.

*Am Ende vom Sein
Ist man mit sich allein.*

16.

Blaue Perle

Der Mond hängt an den Stangen,
Gebaut aus Sternenbahnen
Im dunklen Weltenraum.
Den Tag tut er verschlafen,
Die Nacht nicht zu verpassen,
Die Sternenschar zu schau'n.

Die Venus glüht wie Feuer,
Wie ein altes Gemäuer
Vom Brand gerad verzehrt.
Der Saturn kreist auf Bahnen,
Durch seine Nebelfahnen
Ist mancher Blick versperrt.

Die alte Mutter Erde,
Sie ist die blaue Perle,
Die zwischen ihnen springt.
Der Mensch wird es nicht schaffen
Ihr Antlitz zu verblassen,
Ihre Kraft nie verrinnt.

Am Ende bleibt
Von der Zeit
Doch
Ein schwarzes Loch.

17.

Gegangener Tag

Leis
Erreicht
Der Tag sein Ende.
Hände
Legen sich zur Ruhe.
Jede Mühe
Schweigt.
Zurück bleibt
Erinnerung
Und
Der Traum,
Der Saum
Des nächsten Tages-
Blattes
Sei goldgesäumt.
Alles träumt
Sich ins Vergessen.
Das Glück zu ermessen -
Die große Kunst
In uns.

Jeder
Geber
Will durch die Gaben
Auch etwas haben.

18.
Rad ab Haben

Radfahrer
Sind die Bewahrer
Der Mobilität.
Darum regt
Sich jeder Radfahrer
Aber
Auch, wie es ihm gefällt.
Hält
Nicht bei Rot,
Fährt ohne Not
Auf den Straßen,
Die teuren Radwege links liegenlassend.
Er trägt keinen Helm,
Um das Bell'n
Der Hunde zu hören,
Sie könnten plötzlich seinen Weg queren.
In der Fußgängerzone
Fährt er ohne
Mit den Wimpern zu zucken.
Mucken
Andere auf,
Beschleunigt er schnellfach seinen Lauf

Und wird es ihm zu dumm
Fährt er den Meckernden krumm.

Süßigkeiten
Weiten,
Wenn man in den Spiegel sc(haut),
Die menschliche Haut.

19.

Weihnachtskaufrausch

Füße strümpften durch das Land,
Finger an der Hand
Durchstreiften Menschen die Läden.
Sie hingen an den Fäden
Ihrer vielen Wünsche,
Die sie gerade noch über die Sümpfe
Ihrer Begierden hielten.
Die Finger durchwühlten
Unendliche Sonderangebote,
Während an der Himmelspforte
St. Claus müde stand.
Er streute Vergangenheitssand
Über die hektische Welt.
Für einen Augenblick hält
Das Leben den Atem an,
Um sich dann,
Nach dem Erinnern der alten Zeit,
Wieder in die Sinnlosigkeit
Des Tuns zu stürzen,
Ohne davon das Geringste zu kürzen.

Wer schreibt,
Reiht
Mit der Hand,
Was er im Kopf fand.

20.

Ge(weil)tes

Ich sitze,
Weil ich Angst vor dem Fortschritt habe.
Ich bade,
Weil ich nicht zu meiner Ausstrahlung stehe.
Ich gehe,
Weil Geduld verloren gegangen ist.
Jeder Misst
Mit unterschiedlichen Maßen.
Wir gehen auf Straßen,
Weil die Bürgersteige den Hundehaufen
gehören.
Wir schwören,
Weil wir die Wahrheit nicht kennen.
Wir nennen
Uns Menschen,
Weil sich die Tiere unserer schämen.
Wir zähmen
Unseren Verstand,
Damit unsere Hand
Sich alles erlauben kann.

Wo versteckt sich
Das Ich
Vor s(ich) selbst?

21.

Geschaf(f)ter Mozart

Aus dem alten Rundfunkkasten
Kratzen
Sich Mozartmelodien
In die Freiheit, durchzieh'n
Meinen ungeordneten Schrank,
Auch die Bank,
Auf der ich mittags schlafe.
Draußen das Blöken der Schafe.
Noch nie
Hat es sich mit der Harmonie
Der wiengebrachten Musik vernetzt.
Jetzt ersetzt
Es den Kontrabass.
Was
Würde Mozart denken,
Wenn das Werk von seinen Händen
Von einem Schaf auf dieses Fundament
Gestemmt
Wird
Und es seine Melodie in den Stall-Serail
entführt.

Manches Versprechen
Ist ein Sich-Versprechen

22.

(All-ein) Ich

Wir haben Augen,
Um mit den Händen Träume zu bauen.
Wir haben Füße,
Die Blumen auf einer Wiese
Zu spüren.
Wir verlieren
Gedanken,
Um sie in den Himmel ranken
Zu lassen.
Wir haben Straßen,
Damit ein Weg von der Heimat fortführt.
Wir haben einen siebenten Sinn,
Um im
Schlaf das Paradies zu sehen.
Wir gehen
Jeden Tag von uns fort
Und finden doch keinen Ort,
Vor uns allein
Zu sein.

*Der schönste Augenblick
Ist das Glück,
Mit den Augen
In ein Kinderherz zu schauen.*

23.

Gefragte Nacht

Vor meinen Augen naht
Der Tag.
Dunkel noch,
Ein ungewisses Loch,
Nicht zu wissen,
Was ihm entfließen
Wird. Die Nacht
Hat sich fortgemacht.
Hat mich dem Tag vor die Füße gespuckt.
Was juckt
Es sie,
Wie
Mir der Tag begegnen wird.
Ewig führt
Sie mich ins erträumte Land,
Um mich am verlassenen Strand
Ihrer ewigen Weiten
Einsam zurückbleiben
Zu lassen.

Beim Schenken
Denken
Wir ab und an
Nur an den Dank.

24.
Herbstkreisel

Herbst,
Wieder verfärbt
Sich das Land.
Herbst,
Wieder verwelkt
Manche Hand.
Herbst,
Wieder zerfällt
Das Leben.
Herbst,
Wieder zerwellt
Das Meeresschweben.
Herbst,
Wieder fährt
Der Winter ins Land.
Herbst,
Wieder rückkehrt
Das Ende vom Anfang.

Ein Haus
Sieht aus
Wie ein Gefängnis
Aus Licht.

25.

Gesiebte Gefühle

Wer ein Gedächtnis wie ein Sieb
Hat, sollte bemüht
Sein, an Gefühlskälte zu leiden.
Es wird sich zeigen,
Dass eingefrorene Gefühle
Leichter im löchrigen Gewühle
Des Siebes hängen bleiben.

Himmelhochjauchzend, zu Tode betrübt.
Wem das blüht,
Der kann
Kostenlos Achterbahn
Fahren,
Ohne an Gefühlen zu sparen.

26.

Unsichtbare Verbeugung

Der Mensch so bei sich denkt,
Wenn er seinen Kopf senkt,
Dann steigt auch sein Ansehen.
Doch nehmen
Wir einmal an,
Dann
Senkten alle ihr Haupt,
Wer schaut,
Dass der Mensch,
Der solches denkt,
Seinen Kopf trägt gesenkt?

Die Musik
Gibt
Dem Leben,
Ohne etwas zu nehmen.

27.
Lebensquitt für den Mondschafritt

Mein Herz, schweig,
Die Nacht zeigt
Dir den Schlaf.
Das Mondschaf
Atmet deine Träume,
Über Sternenzäune
Fliegt es mit dir.
Jede Himmelstür
Öffnet sich für dich.
Buntgebrochenes Licht
Wird deine Augen
Mit Seidenschimmer betauen.
Bald schlägt die Zeit nicht mehr,
Wird dich ein Mondschafheer
Im Sternenwagen
Durch den Himmel tragen
Und deine Seele von allen Müh'n
Fortzieh'n.

Leben
Heißt: Allein zu stehen.

28.

Platz-Orden

Es war einmal
Ein General,
Der war
Zu schmal,
Um alle seine Orden
Auf der Uniform zu horten.
Wegen fehlendem Platz
Wurde er ratzfatz
Degradiert.
Das passiert,
Wenn man sich schmalbrüstig präsentiert.
Solche brauchen
Sich nur einen Bauch anzusaufen.
Man schafft
Dadurch runden Platz
Und kämpft im Planbüro bei jedem Wetter
Für noch mehr Blech-Lametta.

*Das letzte Hemd hat
Statt Taschen goldenen Brokat.*

29.

Ich über-All

In jedem Ged(ich)t
Steckt ein Ich.
Vor dem G(lücke)
Kommt für das Icke
Manchmal eine große Lücke.
Auch in jedem Ges(ich)t
Steckt ein Ich.
Alles ist für m(ich)
Denkt ein egoistisches Ich.
Der Gedankenblitzt
Braucht das Licht und ein Ich.
In jedem L(ich)t
Versteckt sich ein Ich.
Braucht manchmal das Ich
Eine bessere S(ich)t?
N(ich)t jedes Ich
Kennt den Verz(ich)t.
Nicht jedes Ich
Hält immer d(ich)t.
N(ich)t jedes Ich
Kennt s(ich).

Ist die Türkei
Ein europäisches trojanisches Ei?

30.

Betrunkenes Eigentor

Der Mensch betrinkt sich oft
Aus Frust, Sinnlosigkeit,
Weil er umsonst gehofft,
Macht sich Tristesse breit.

Da hilft das Bier, der Wein,
Der süße Alkohol.
Mit ihm kann er Mensch sein,
Fühlt sich endlich sauwohl.

Doch geht die Trinkerei
Nach Stunden dann zu End',
Zurück der Alltagsbrei,
Der hat nur kurz gepennt.

Das Ganze ist am Schluss
Viel schlimmer als zuvor.
Hätt' der Mensch das gewusst,
Mied er solch Eigentor.

*Im Fußball amüsieren
Sich Menschen über das Verlieren.*

31.

Goldener Schmetterling

Leider geschieht im Leben nicht oft,
Was man erhofft
Hat -
Auch nicht, dass bereits am nächsten Tag
Ein goldener Schmetterling
Das Erhoffte bringt.

*Die Tastatur
Ist eine Fingerkur.*

Inhaltsverzeichnis Querbeet 5

Biografie:

Ich wurde in Berlin geboren. Nach dem Abitur in Berlin habe ich Medizin in Berlin und München studiert und war nach meinem Studium ca. 40 Jahre in der Medizin tätig. Seit Ende 2023 bin ich berentet. Während meiner Berufstätigkeit habe ich nebenher eine Reihe von Manuskripten verfasst, ein Jugendbuch, Kinderbücher, Romane und Gedichte.
Einige sind seitdem über einen Self-publishing-Verlag veröffentlicht worden.

Neben Romanen hat der Autor noch weitere Gedichtbände veröffentlicht:

Tortellintauben - TierGdichte für Rwachsene
61 Tiergedichte als Spiegelbild menschlichen Verhaltens, wunderschön von Kinderhand illustriert.

Der erdenkliche Mensch - Das Du im Ich
55 Gedichte, dazwischen Aphorismen, die sich nachdenklich und kritisch mit liebgewonnenen menschlichen Verhalten auseinandersetzen.

Das Mondschaf
(monatlich durch das Jahr)

Für jeden Tag eines Monats ein Gedicht aus Sicht eines auf dem Mond lebenden Schafs, das humorvoll, kritisch, skeptisch und wiedererkennend unsere Erde beäugt; zwischen jedem Gedicht ein Aphorismus und mit passenden lustigen Bildern aus Kinderhand - auch als Geburtstagsgeschenk für den passenden Geburtstagsmonat geeignet.

101 Weihnachtsgedichtsbäume –
gegen das Poesie-Waldsterben

Über 100 besinnliche, lustige, stimmungsvolle aber auch nachdenkliche Gedichte über die Weihnachtszeit.

In 93 Tagen um den Frühling

93 Gedichte, dazwischen Aphorismen, zu jedem Tag der schönsten Jahreszeit ein Gedicht.

In 90 Tagen um den Herbst

90 herbstliche Gedichte mit unterschiedlicher Stimmung, ein Gedicht für jeden Herbsttag.

Ostern- Gedichte zur Osterzeit

43 Gedichte mit christlichen Inhalten von Gründonnerstag bis zur Auferstehung Jesu, zwischen den Gedichten gedankenvolle Aphorismen.

Goethe – neu abgefüllt

Nach der Versform zweier der bekanntesten Goethegedichte (Wandrers Nachtlied) zu unterschiedlichsten Themen für jede Woche des Jahres ein Gedicht.
2 Bände: Goethig I und Goethig II

Hinter dunklen Himmelswolken – Gedichte in Zeiten der Trauer

Dieses Buch enthält ca. siebzig Gedichte über Tod und Sterben, in der Natur und im Leben des Menschen. Sie stellen Fragen zum Warum, äußern Gedanken, wie es weitergehen könnte, versuchen, Stimmungen und Gedanken in solchen Lebens-abschnitten wiederzugeben.

Ein KESSEL Bunte GeDichte

Die folgende Sammlung in 4 Bänden enthält etwas über 60 Kurzgeschichten, jede Kurzgeschichte baut auf einer aus dem Neuen Testament stammenden Bibelstelle gleichnis-haft auf und ist auf unsere Zeit übertragen. Zwischen den Geschichten findet sich jeweils ein Gedicht oder ein Aphorismus.